FRACTURES

Loi n°49-956 du 16 juillet 1949 sur les publications destinées
à la jeunesse, modifiée par la loi n°2011-525 du 17 mai 2011.

© 2024 Dalal Jilal
Édition : BoD – Books on Demand, info@bod.fr
Impression : BoD – Books on Demand, In de Tarpen 42, Norderstedt (Allemagne)
Impression à la demande
ISBN : 978-2-3225-2550-8
Dépôt légal : Avril 2024

JILAL Dalal

Pour cet autre,

“Que le temps nous ramène

au moment où tes yeux se
sont posés sur les miens”

Ce n'est que rêve et mirage

Quel est ton prénom, douce brume ?
Tu deviens si légère près de moi,
Je n'ai retenu que l'amertume,
D'un temps où tu ne me voyais pas

J'ai eu dans ce cœur des perles d'or,
Ce sont les mots qui m'ont tué
Vivre auprès de toi était mon sort,
D'un temps où tout était parfait,

Le sentiment est lourd et douloureux,
J'ai déposé mes plus grosses peines,
J'ai vécu des jours similaires et heureux,
Quand tu jouais ce rôle près de la Seine,

Des morceaux de papiers se déposent,
mes espérances dessinaient le futur,
que dis-je ? pour toi j'écrirai en prose,
je volerai tes mots et tout sera plus sûr

Mes yeux te suivaient à chaque geste,
En admirant tes travers et maladresses,
Ils ont gardé mon cœur et jeter le reste,
Tu m'as nommé naïve et moi j'encaisse

Ce temps m'a fait couler des larmes,
J'étais impuissante face à la beauté du jour,
Tremblant de peur, collée à mes armes,
Aujourd'hui je sais qu'il n'y a plus d'amour,

Tout dépend de ce que tu appelles "sublime",
Je n'ai rien de plus cruel que mon visage,
Face à ce déluge mes croyances s'abîment,
Ce n'est que rêves et mirages.

La simplicité du langage

Je suis seule dans ce trou noir,
Les enfants chantent des chorales,
Des cris viennent bouleverser mes soirs,
La haine ronge, provoquée par le scandale
Les décors deviennent invisibles,
Mes humeurs se métamorphosent,
La marche vers les cieux est terrible,
Mon inquiétude est à grande dose.
Sur une feuille de papier j'ai peint,
Avec mes plus belles couleurs,
Un monde meilleur et sans fin,
Et les enfants chanteront leurs chorales,
Des rires viendront bouleverser mes jours,
De mes expériences je n'ai retenu que des morales,
Les discours qui nous rendent tous sourds,
Disparaissent à petits pas,
Ta main sur la mienne nous réchauffe,
Je me sens exister et vivre, papa,
Hier j'étais une petite fille innocente,
Le monde était bleu, vert, rouge,
Hier j'étais une petite perle sage,
Je te dédie tout cela, grâce à la simplicité du langage.

Déconnectés du monde

Mes esprits m'ont dit de vivre,

Mon âme m'a dit de suivre,

Mon cerveau m'a dit de conquérir,

Mon cœur m'a dit de sourire,

Toi, tu m'as dis de trouver le monde,

Toi, tu m'as dis de chercher la gloire,

Toi, tu m'as dis de penser tous les soirs,

Toi, tu m'as dis que je te resterai en mémoire,

Eux, ils m'ont dit d'être souriante,

Eux, ils m'ont dit d'être moins lente,

Eux, ils m'ont dit de chercher la gloire,

Eux, ils n'ont rien connu de tous ces soirs,

Vous, vous m'avez dit de vaincre,

Vous, vous m'avez dit de convaincre,

Vous, vous m'avez dit d'être exceptionnel,

Vous, vous ne connaissez rien à mes mémoires,

Elle, m'a dit de garder la tête haute,

Elle, elle m'a dit de garder la tête haute, Elle m'a dit plusieurs fois, encore, toujours

Elle, m'a dit de ne pas être d'accord,

Elle, m'a dit de ne pas m'écarter de la ronde,

Moi, je suis déconnectée du monde.

C'est le bruit de la détresse qui court,

Le bonheur et la tendresse qui vient,

C'est auprès de vous que j'ai eu recours,

Tous les secrets n'étaient que les siens,

Les leurs, et les vôtres.

La force, l'amour et le pouvoir,

La politique, le souhait et la gloire,

Moi je suis déconnectée du monde.

Aucun projet n'est irréalisable,

Aucun rêve n'est périssable,

Aucun souvenir ne s'envole et se transforme

Les matins ne sont pas beaux,

Moi je suis déconnectée du monde.

Je m'étouffe en respirant cet air,

Les passants des plus vieux quartiers,

Fixent un repère et paraissent assoiffés,

Ce n'est pas une critique,

Ce n'est pas une polémique,

Ce n'est pas un texte théorique,

Ce n'est pas tout cela, c'est moi,

Moi, je suis déconnectée du monde.

Mélodies du pianos et contrebasses,

C'est alors que l'on doit chanter à voix basse.

J'écris des chansons qui ne sont jamais chantées,

Je crie des douleurs qui ne sont jamais écoutées,

Les robots autour manquent de sensibilité,

C'est sur eux que je compose, en vérité.

Nos miroirs cachent nos plus belles sociétés,

Notre reflet cache notre clarté,

Moi, je suis déconnectée du monde.

Je ne connais rien aux rues et à la vie,

Je ne connais rien au sel et au sucre,

Je n'ai jamais vécu ici et le passant en rit,

Je porte un chapeau introuvable,

Des chaussettes vertes peu portables,

Je deviens méconnaissable,

    Moi, je suis déconnectée du monde.

Le parfum des rencontres

Je me suis transportée vers elle,

Elle s'est jetée vers moi, cette prunelle,

De ses rougeurs j'ai pu comprendre,

Qu'elle a parfois honte de surprendre,

J'ai posé la main sur la sienne,

Pendant que d'autres partent, certains en reviennent,

Ce magnifique mot qui est "voyage",

Donne la force et bien plus que du courage,

Quand sa langue croise la mienne,

Mes sens s'éveillent et deviennent les tiennes,

Son odorat d'ailleurs est gravé dans mes victoires,

Son sourire et habitudes me donnent l'espoir,

Je suis une femme du voyage,

Aimant le voyage,

Vivant pour le voyage,

Saignant pour le voyage,

Trébuchant pour le voyage,

Je l'admire chaque jour, chaque nuit,

Elle est devenue celle qui bouleverse ma vie.

Plusieurs vies.

Plus que tout.

Des photos d'elle et moi sont encadrés,

J'étais habitante et elle, elle rêvait,

Elle admirait les trottoirs, les musées,
C'était avec elle que l'esprit s'éveillait.

Moi, j'étais toute timide face à elle,
Cette prunelle, je l'aime à l'aquarelle
Son odorat d'ailleurs est gravé dans ma mémoire,
Tous s'y opposait, personne n'était contre,
C'est le parfum des rencontres.

Puisque être ne suffit plus

Je suis parfois timide et réservée,
Gênée face à toutes tes approches,
Je suis le silence et à la fois le secret,
Viendra le jour où nous serons proches,
Je me tait tout en m'affirmant,
En s'imposant je deviens celle,
Qui transporte tous ces flamants,
Roses comme les fleurs, je m'emmêle
J'ai le présent froid et un passé brûlant,
Quand le feu transporte la blancheur,
Le bonheur disparaît considérablement,
Quand le feu est brûlant, il faut tenir convenablement,
Quand la vie ose m'affronter, je la défie véritablement,
Je ne recule pas a la difficulté, je l'accepte vivement

Nous sommes des Hommes,

Et nous faisons Hommes,

Nous élevons des Hommes,

Nous sommes des Hommes qui critiquent des Hommes,

Nous sommes des Hommes qui détestent les Hommes.

Nous sommes des Hommes,

Qui suis-je?

Lui

J'ose respirer sa peau et sentir son odeur,

Il s'approche, et soudainement,

Ses connaissances et ses valeurs remplissent mes heures,

Ne me font plus peur,

 je succombe,

Cet être est bien plus que l'âme sœur

Il faut se perdre dans ses yeux,

Perdre la notion de l'heure,

Sentir son courage, réaliser son vœu

Pour en ressortir sans rancœur

C'est une électricité particulière,

Je suis faible, Cupidon apprend-moi

Apprend-moi à croire et à me taire,

Je deviens tremblante, est-ce toi?

J'admire ta voix,

Je ne t'aime pas, c'est un sentiment étrange,

Je t'aime, physique, pourvu que cela change,

Je t'aime, mental, et voilà que tout cela me dérange,

Pourquoi baisserais-je les yeux,

Quand mes pupilles se dilatent pour nous deux ?

Tu as ce venin en toi que tu donnes,

Par ton biais de nature, je m'abandonne,

Tes mots sont encore plus humain, à jamais,

Tu me vois me perdre dans mes pensées,

Pour toi je ne remue pas le ciel ni la terre,

Pour toi je deviendrai ton adversaire.

Tu t'empares de moi sans apparaître,

Pourquoi me charmes-tu ?

Face aux autres je me tue,

Il y'a plus douloureux que l'amour,

Puisqu'il n'est pas réel, autant le rêver,

Puisque je me contente juste d'admirer,

de loin, dans le crépuscule.

Renaître, c'est ce que tu m'as infligé,

Tu t'es enfui de ma vie,

maintenant ce n'est plus lui,

Mais toi.

Ici. Sans moi.

Notre envie

Je serai avec toi jour et nuit,

Graver les sommets et les montagnes,

Tu es le meilleur de tous mes amis,

Ta passion s'associe à la mienne,

Il faut que tu m'accompagnes,

On ne s'échange plus aucune lettre,

Mais dis-leur notre liaison,

Dis-leurs qu'ils n'auront jamais raison,

Est-ce normal que nos cœurs sentent l'euphorie?

Mon Amour s'envole, repart et revit,

Je ne sais pas pourquoi tu te forces,

Tu es le meilleur du monde, c'est atroce,

Le monde n'a fait que tourner autour de toi,

Le monde n'a fait que m'endurcir,

J'ai tenu face aux tentations.

Tu me fuis pour me haïr,

Pas parce que tu me hais.

De moi tu aimerais te souvenir,

Pour mieux en être un.

Pourquoi tant de faiblesse autant, toujours?
Pourquoi ce vide, n'y a-t-il déjà plus d'amour?
C'était notre envie.

Terre

Un ailleurs où tout serait si simple,

Je deviendrai plus rapide que l'éclair,

La Terre est un univers sous terre,

Qui nous laisse de nombreuses raisons de se taire,

Quand la mer rejoint la terre,

La Terre prend vie et le mal s'enterre,

Dans un profond sous-sol il faut crier aux enfers,

Sans détruire le bon temps et le bon air,

La Terre est laide car la terre a des adversaires,

Puisque la terre et la mer sont pleines de lumières,

J'irai vivre dans les montagnes en prévenant ma mère,

Que la mer n'est plus ce que j'aimais de tout cet univers,

Parce que la Terre est sombre, et fait disparaître la lumière,

Il y' a des milliers de raisons de se taire dans cette mer,

Je ne m'abstiendrais pas puisque la Terre n'aime pas se défaire,

De personnes qui osent profiter de l'air sans prévenir la mer,

Puisque le miracle se trouve sur Terre et l'amour sous terre,

J'irai construire des chemins, voilà que tous les cœurs se dé-serrent

Nous savons que la Terre met au monde des Hommes, des mères,
des pères,

Nous rêvions de pureté en oubliant le monde et tous ces travers,

Pensions que la vie se trouve dans cette terre il faut vivre pour l'air,

Je vis sur cette Terre qui m'enterre.

La liberté est une vocation

Quand je chante ou bien je dessine,
J'imagine le monde que j'imagine,
Je me construis un monde à moi,
Un monde que personne n'a.

Quand je voyage et découvre,
Je sais que mes yeux s'ouvrent,
Ils deviennent brillants et toi,
De là où tu es, tu penses à moi,

Quand je hurle et quand je tremble,
Je doute et tous ces mots s'assemblent
C'est cela, ma foi, qui te tueras,
Ce n'était pas mon intention, tu sauras

De te faire du mal. Je t'aimais trop pour ça.

Terre, c'est là bas que je transforme mes douleurs et les jette en mer,

Quand je transforme mes douleurs,
Je m'en vais chercher de la douceur,
Les meilleures sont près des roses,
Les meilleures fleurs se métamorphosent.

Quand je te rêve et t'imagines,
Tu redeviens celle qui chante et dessine.

D'ici mon cœur bat et tu l'entends,

De là où toi, tu es.

Tu entends l'appeler
Viens vers moi, ma liberté.

Délivre-moi d'un système à deux vitesses.

La liberté est une vocation.

Passionné

Quand il parle c'est le monde qui se tait.

Il est passionné.

Il est passif. Et raisonné.

Il se tient debout et c'est pour toujours,
Reste en vie grâce à ses discours,
Tout est dit et écrit par le cœur,
Je deviens folle et je n'en compte plus les heures.

Il passe ses nuits à écrire sans savoir,
Sans savoir comment écrire, tous les soirs.

Parce qu'il est passionné.

Sa plume parle pour lui, il prépare tout,
Le lendemain il leur donne vie, c'est tout.

Cet homme est passionné,
La passion le passionne,
Cet homme est passionné,
Plus rien ne l'emprisonne.

Sur le point de te quitter

Remplis-tu mon cœur de paresse ?
Comment peut-on entendre la détresse ?
Tu as pensé t'emparer et voler ma beauté,
Rien n'est plus terrible que la force d'un secret.

Ils osent divulguer des phrases jamais écrites,
Et faire surgir la défaite en oubliant la réussite,
C'est ceux-là que tu as osé entendre,
C'est eux en réalité qui rendent mon cœur en cendre.

Le temps emporte tout même l'amour,
Ce temps détruit la vie puisque est venu mon tour,
Je crierai au Mont Everest la stupidité de cette fin,
Et en descendant je croirai à mes futurs matins.

Par dessus la colline je t'enverrai mes douleurs,
De ma plus belle écriture j'irai souhaiter ton malheur,
Miracle à toi et à toutes tes victoires,
Ton malheur c'est moi je le sais chaque soir.

Les lettres sont devenues des poussières,
En fait je ne retrouve que de l'air,
Ce vide est tellement plus profond,
Puisque l'amour est descendu au fond.

Je suis sur le point de te quitter,
Mes poèmes te quitteront,
Si mes écrits font de toi,

Celui que j'ai toujours voulu,
Qu'il le soit.

23

Y'a pas de style

Je n'écris pas pour le style,

Je ne veux pas taper dans le mile,

Je veux vivre ma vie,

J'écris pour l'idylle.

Que nos écrits nous permettent de rester en mémoire,

Que nos écrits nous rattachent à nos devoirs,

Ma plume ne cherche pas à être belle,

Elle l'est. Elle, laid.

Je raconte ce souvenir

J'ai certainement tant de choses à dire,

Je ne pense pas que tu m'écouteras.

J'ai tellement envie de te croiser,

Je prie pour que ça change, pour qu'un jour je puisse croire à toutes tes histoires racontées autrefois. J'ai cette envie de te voir et voler sous tes yeux. Mais aujourd'hui, tu n'es plus là. Ce lieu où tu trouves détient quoi de mieux que moi ? Je ne vais plus sur la place t'écrire des lettres, dans toutes les rues je meurs de ce chagrin. J'ai perdu mon souffle, puis même le tien maintenant ne suffirait plus. Tu vois, cette fille toute silencieuse, cette fille que tu juges maintenant, ce sourire envolé, c'est à cause de toi. Tu es tellement parfait que tu détruis les autres. J'ai délaissé d'énormes pages toutes intactes sur le pont de Marseille. J'ai pensé que le vent qui t'a emporté finira par les brûler. Je n'ai rien fais par moi même. Je pense que la nature est assez forte. Comment expliques- tu qu'elle n'arrive pas à te prendre ?

C'est si doux quand j'entends la mer, j'ai l'impression de t'entendre de loin. Je regarde le soleil et c'est un autre Univers qui s'approche de moi doucement. Je viendrai me noyer dans cette eau froide et glacée pour que tu me donnes des frissons. Dans tous les cafés, quand la musique s'enchaîne, j'ai l'impression d'entendre uniquement ta voix. Tous mes poèmes sont facilement reconnaissables, il n'y a que toi qui ne sait pas les lire. Puisque tu n'as jamais su lire en moi.

Mes notes sur ce piano te font mal aux oreilles, si seulement tu les comprenais. J'irai me faire graver ton prénom partout sur mon corps. J'irai dire à tous ces passants que la vie passe et qu'ils y passeront aussi. Ma foi, tu n'as rien compris à ce que je peux ressentir. Mon cœur est ce qu'il y a de plus fragile, je pourrai même l'emballer de manière à ce que tu sois l'unique personne qui puisse le toucher. Tes mains sont maintenant salies, tu ne reviendras plus, vivre dans ma vie. J'ai passé des nuits très obscures. Je t'imaginais partout et je te chantais dans toutes les scènes. Je n'avais rien de si particulier, j'espérais que mon grain de voix puisse un jour te dire mon amour pour toi.

Quand est- ce que notre temps viendra ? Je veux crier notre histoire, mais avant j'aimerai la voir, l'avoir, la vivre. Les bateaux de ces eaux-fortes sont des cœurs qui coulent par-dessus des larmes de sang. Je m'y vois flotter doucement, sans aucun bruit autour. Je vais m'enfuir. Je vais m'enfuir loin, je te laisserais couler par-dessus cet iceberg. Ça yest, je suis arrivée et je dégèle.

Tu me regardes avec un air attristé, un air de regret. Mais il est trop tard. Tu peux t'en aller. Une autre t'attend, doit t'aimer.

Je ne sais pas si je peux dire que je t'aimerai encore, puisque t'aimer n'a jamais eu de suite. Alors, expliquez- moi pourquoi le temps emporte tout l'amour. Explique-moi tout ce que tu veux m'expliquer. Mais ne me dit jamais que tu m'as oublié.

Maux scolaires

J'ai mal au cœur quand je vois que personne ne me comprend,

J'ai mal au cœur, je suis seulement moi même,

Qu'aie-je fait ? Mes camarades,

Vous qui osez vous moquez de moi,

Je vous plains,

Il n'y a plus rien pour vous.

Je suis seulement moi même, vous savez, ce vacarme

Toute cette haine vient de vous.

Ce cocon où nous sommes tous nés,

N'est pas mon berceau qui a su me guider

Je me suis faite loin d'ici, dans un nouveau monde.

Ailleurs je me suis reconstruite,

Pour une tout autre destinée,

Je suis seulement moi même et je vous oblige à le devenir,

J'ai mal au cœur quand vous me dénigrez, c'est vrai

j'ai mal à en mourir.

Quand vos rires traversent les ruelles,

La cour,

Je deviens fragile, je m'effondre,

Ma nature trop faible me rappelle,

Que la fierté de soi ne peut jamais fondre.

Pardonnez-moi, mes frères, mes sœurs

De cette bouche qui prononce

Et de ce cœur qui subit.

Rendez-moi mes terres, mère

À moins qu'elles soient tombées dans l'oubli.

Mes mots ont le pouvoir de détruire les plus forts,

Puisque pour un seul mot, une seule phrase

C'est toujours toute seule que je m'en sors.

Ce grain de voix qui vous rend sourd,

Sachez, c'est tout ce que je suis, lourd.

Vous qui m'apportez toute cette légèreté,

Regardez-moi et dites ces mots,

Répétez après moi : "je dois faire attention à mes mots".

Je suis seulement moi même, toujours,

Les valeurs sont sûrement la paix et l'amour,

J'ai mal au cœur de laisser poser une seule pensée.

Celle ci s'en va,

j'ai mal au cœur d'y penser.

Puisque dans ce silence profond,

Nous n'avions plus rien à se dire,

Laissons nos sens et nos espoirs toucher le fond

Laissez moi la liberté, je suis moi même,

Juste pour un soir, un seul son.

Noires, blancs, arabes,

Nos écrits sont inoubliables,

Irremplaçables.

L'humanité

Voici ce don qui laisse à mon cœur,

tout ce qu'il a besoin pour croquer le bonheur,

son goût est amer quand il le faut,

Mais à cet instant, tant de nervosité se ressent par tes mots.

Cette approche vers l'inconnu qui te fait peur,

Prend ton âme et t'arrache le cœur,

Aujourd'hui je n'ai plus peur de crier,

Partout où j'irai je chanterai la liberté,

Ces personnes qui cachent les plus sourires,

Sont souvent celles qui font semblant de courir,

Nous étions prêts à dévoiler le plus beau de nous-même,

Prêts à donner du notre,

les chansons ne seront plus jamais les mêmes

Le temps nous emporte dans ce ruisseau,

Pour un seul geste, c'est le monde qui devient beau,

Pour le moindre geste, Il faut surveiller la foule,

Celle qui traverse les rues et qui s'endort,

Je bâtis un nid durable et je dormirai avec ces gens-là dehors,

Tous leurs espoirs sont mes objets de construction,

Ma soif d'apprendre vient du manque de raison,

Nous construisons le monde avec des pierres,

La fin approche alors il nous faut de quoi sauver tous nos adversaires

Mais pour chasser l'adversité il faut savoir s'aimer dans l'eau, la mer

La nature crie à tout homme la raison de vie, et...

Maintenant je ris avec toi,

Toi, que j'appelais "ennemi",

Laissons nous le droit pendant ce moment pour que l'on s'excuse,

Quand je te regarde droit dans les yeux, je sens la ruse,

Nous étions des enfants innocents avec des rêves,

Nous devenons des enfants avec des moments remplies de trêves,

J'ai eu envie de parcourir la terre, à la quête de maturité,

La cruauté s'est installée près de moi, et m'a raconté tout ce que je savais

Par nos yeux les gens sentent nos bonheurs,

Par les miens moi, je n'ai vu que mes plus profond malheurs,

Il fait tard et la nuit m'ordonne de m'endormir,

Je lui dirai d'attendre demain, le jour ne veut plus me voir souffrir,

Je balancerai des mots dans le vent pour qu'on les entende,

J'en écrirai d'autres le soir, au cas où si on m'en redemande

La liberté n'attend que nous et il faut le croire,

Pour tout ça il faut suivre son propre-miroir,

Partout où l'on ira il y'aura de la lumière à capter,

L'espoir rempli nos jours et attend l'amour de la communauté,

Pour vous qui criaient de douleurs, je déchire des morceaux de
papiers

Que j'enverrai haut dans le ciel pour que vous les voyez,

Je veux vous voir flotter dans l'air, je vous voir heureux sur terre,

La même rue que l'on traverse chaque jour,

Nous rappelle souvent un vieil amour,

Ce sont tous nos regrets qui font surface mais pour regretter il faut
accepter,

Accepter de tomber pour mieux se relever,

Il n'y a qu'auprès de vous que le coeur s'apaise,

Vous qui sentez l'humanité.

Improvisation

Il y'a dans mon cœur des mots détachés et entremêlés,

Formant des flammes plus brûlantes que les vérités cachées.

Laissant une nouvelle chance pour mieux se reconstruire,

Le ciel est gris et les nuages recouvrent la beauté,

Les cris sont résonnants mais viendra le bon moment.

Disparaissent les petits chants des enfants innocents,

A chacun de mes voyages les trains me mentent,

Puisque à chaque traversée il faut descendre la pente,

De mes rêves étranges, de mes pensées

Glissantes.

Ma vie est un manège.

Sur le mur

Tout est écrit sur le mur,

Et tu peux aussi y écrire ce que tu veux.

Les mots ne se limitent pas à ce qu'ils sont,

C'est en les écrivant qu'ils gagnent en pouvoir,

En authenticité,

En valeur.

Ils sont comme toi.

Aussi puissants que depuis leur naissance et apparition,

Ils donnent de la valeur à la vie, ils en apportent une signification.

Si l'aurore te semble ennuyante,

Si l'aube n'est pas assez belle.

Repeint.

Customise.

Les meilleurs tableaux ne se peignent pas sans coup de pinceau.

Les fleurs dans les tableaux prennent vie par le peintre

Si le café te semble amer, ajoute-y du sucre.

Si personne ne t'écoute, écoute-toi.

Les magiciens ne font pas de tours de magie,

Ils y croient.

Si tu n'y crois pas, il n'y aura rien.

J'écris sur ce mur, même s'il ne me répondra pas.

Tout émane de mon corps,

Comme une danse,

Je suis en mouvement.

Je fais bouger les choses.

Paraître

As t-on parfois envie de paraître ?

As t-on parfois même envie d'apparaître ?

Que doit-on faire en premier ?

Disposés là, toi et moi, et nos regards

Je n'ai pas d'autre choix que de paraître.

Les rôles sont nombreux,

Sur cette scène, nos textes nous sont distribués

J'espère que je vais te plaire.

Mais j'ai besoin d'apparaître pour le faire.

Si ton coeur désire ma non-apparition,

Je suis, hélas, obligé de venir.

En jouant ton rôle, je t'admire,

Par les mélodies que tu propages,

Qui résonnent en moi, pour le mieux,

Comme pour deux.

Ça n'est qu'une illusion.

Les entractes sont longs.

Je réfléchis à comment te plaire.

Les plus belles robes satinées ne suffisent pas,

Et tu t'approches,

Mais je recule.

Ça n'était pas prévu dans le scénario.

On me le reproche,

Je capitule,

Capitulation.

Il n'y a aucune unité d'action,

Si ce n'est que mes émotions.

Là, le regard au sol, tombée par terre

Les multitudes de cailloux comme décor

Empêchent nos rôles de s'éclore.

Les visages s'estompent,

 le public est empathique pour toi,

Me délaissant dans ce triste rôle,

Je n'avais pas eu le choix.

S'ignorer

Se séparer pour se retrouver.

Encore une phrase que j'ai entendue partout.

Et si on s'ignore parce qu'il faut le faire ?

Et si on accepte la réalité implacable du fatum de la vie ?

Quand on s'ignore, on se cherche, inconsciemment.

Mais on ne se retrouve pas.

Quand on s'ignore, on fait semblant, bêtement,

De faire un pas.

Quand on s'ignore, tout vient vers nous,

Miraculeusement.

Quand on s'ignore,

Les miens me trahissent quand même,

Naturellement.

Quand on s'ignore, on s'aime,

Mais on ne se retrouve pas.

Réussite scolaire

Dans la campagne paisible, loin des gratte-ciel,

Je me suis retrouvé, avec mes parents, à l'accueil si réel.

Ici, entre les arbres, loin des tumultes citadins,

Nous avons trouvé refuge, sous des cieux sereins.

Adieu Santa Cruz, et ses rues animées,

Où j'ai laissé derrière moi des amitiés adorées.

Dans ce lycée français, j'ai tracé des liens,

Des souvenirs qui s'effacent.

À dix-sept ans, je parle comme un sage,

Comme si j'avais vécu plusieurs vies, comme un hommage.

Je côtoie les adultes, je partage leurs peines,

Notamment avec Maxence, et sa petite reine.

Maxence, père au foyer, dans la tourmente,

Sa femme, travailleuse, gagne l'argent de la vente.

Il me confie ses tourments, ses fins de mois serrées,

Et je lui réponds maladroitement, sans grande clarté.

Je ne suis qu'un jeune, sans grandes responsabilités,

Vivant sous le toit parental, sans difficultés.

Je ne peux comprendre la vie de Maxence, sa lutte,

Je suis de l'autre côté du périph, vers le tumulte.

Dans mon école d'autrefois, les regards accusateurs,

Jalousie et comparaison, sources de douleurs.

Mais avec Maxence, la richesse n'est pas un frein,

Dans son regard, je vois l'humanité, je me sens bien.

Dans ce paysage champêtre, entre ciel et terre,

Je découvre la vie, ses joies, ses mystères.

Et dans le cœur de Maxence, je trouve la leçon,

Que l'amour et la solidarité sont les seules fusions.

Les ciels, sans lueurs, s'éteignent.

Devant moi, sans peine.

Interdite

Dans l'ombre douce, où l'amour se cache,

Brûlent les flammes d'une passion interdite.

Un cœur tourmenté, une âme en quête,

Dans ce tumulte, où l'espoir vacille et palpite.

Dans le silence lourd, où les secrets s'enlacent,

Se tissent les fils d'une romance inouïe.

Des regards furtifs, des gestes qui effacent,

Les barrières dressées par la société endormie.

Dans ce ballet interdit, où le désir s'embrase,

S'écrit l'histoire d'un amour qui dérange.

Des murmures d'envie, des soupirs qui surpassent,

Les limites imposées par les normes étranges.

Au cœur de l'interdit, où l'amour se prélasse,

Se cachent les éclats d'une passion en déroute.

Entre les lignes tracées par le monde qui passe,

Se dessine le destin d'une romance en déroute.

Mais malgré les obstacles, les regards qui menacent,

Brille la flamme d'un amour indomptable.

Car dans l'étreinte brûlante de deux âmes audacieuses,

S'épanouit la beauté de l'amour inaccessible.

Me laisse sur cette fin.

Et je m'efface petit à petit,

Pour devenir un souvenir léger,

Loin dans ta mémoire

Mais proche dans ton coeur.

Dire. Juste dire.
Puisqu'on ne peut pas parler.

"l'amour est comme le vent, on ne peut pas le voir, mais on peut le sentir"

Nicholas Sparks.